AF227085

TRENTE-DEUX CANTIQUES

A

NOTRE-SEIGNEUR JÉSUS-CHRIST

AU TRÈS-SAINT SACREMENT DE L'AUTEL.

MÊME LIBRAIRIE.

CONFÉRENCES SPIRITUELLES POUR L'INSTRUCTION DES RELIGIEUSES, et surtout des jeunes professes de tous les ordres, par le R. P. Miet, récollet. 1 vol. in-12. 1 fr. 50 c.

DÉVOTION AU SACRÉ-CŒUR DE JÉSUS, précédé d'une nouvelle méthode pour entendre la sainte messe, et suivi de nouvelles prières pour le chemin de la croix, par le cardinal Lambruschini, traduit, avec son approbation, par M. l'abbé Douay, docteur en théologie. 1 vol. in-18.............................. » 80 c.

PETIT MANUEL DE CONFESSION, à l'usage des enfants, par un ancien catéchiste de Saint-Sulpice. Brochure in-18.................. » 12 c.

LA VIE CHRÉTIENNE, par M. l'abbé Lagrange. 1 vol. in-12............................. 2 fr. »

LA VÉRITABLE RÉPARATION par les saintes larmes de Jésus et de Marie, par M. de N..., vicaire général. 1 vol. in-18.............. 1 fr. 25 c.

MÉDITATIONS SUR LA PASSION, d'après l'Évangile selon saint Jean, par M. Em. Castan, chanoine de l'église de Moulins........... 1 fr. 50 c.

LE CHRISTIANISME ET LA VIE PRATIQUE, par l'abbé Henri Duclos. 4 vol. in-12...... 10 fr. »

LES VACANCES EN FAMILLE, par M. Buron. 1 vol. in-12............................. 1 fr. »

LA CORBEILLE POÉTIQUE DU JEUNE AGE, ou Recueil de leçons religieuses, morales et littéraires, empruntées à nos meilleurs poëtes anciens et modernes, par M. Buron, professeur. 1 vol. in-18, cart.............. » 80

— Corbeil, imprimerie de Crété. —

TRENTE-DEUX CANTIQUES

A

NOTRE-SEIGNEUR

JÉSUS-CHRIST

AU TRÈS-SAINT SACREMENT DE L'AUTEL

A DEUX OU PLUSIEURS VOIX

PAROLES

DE M. DE BLANCHE

PARIS

NOUVELLE LIBRAIRIE CATHOLIQUE

VICTOR SARLIT, LIBRAIRE-ÉDITEUR

RUE SAINT-SULPICE, 25

1858

Droit de traduction réservé.

On vend les paroles et la musique de ces mêmes cantiques
en 1 volume grand in-8...................,...... 3 fr.

CANTIQUES POUR LES MISSIONS ET LES RETRAITES.

PAR LE MÊME AUTEUR,

Paroles et musique réunies. 1 volume grand in-8. 3 francs,
Paroles seules, 30 centimes.

PRÉFACE

Si les encouragements d'un grand nombre d'ecclésiastiques ne nous avaient soutenu dans notre tâche, ainsi que le bienveillant concours de Messieurs les maîtres de chapelle de la capitale, nous eussions hésité à publier ce nouveau recueil de cantiques, bien que par son objet, la gloire de Notre-Seigneur Jésus-Christ au très-saint Sacrement, il réponde au désir et à la dévotion des âmes véritablement chrétiennes.

La bienveillance de tous est venue suppléer à notre insuffisance particulière ; que tous reçoivent ici nos remercîments affectueux.

Pourquoi faut-il que la mort du vénérable Père Lambillotte nous prive du bonheur que nous eussions éprouvé en venant faire hommage de notre œuvre à ce digne et saint prêtre, à ce compositeur inspiré dont les chants religieux sont devenus si justement populaires ! Payons du moins à sa mémoire un juste tribut de reconnaissance, pour les bons conseils et les encouragements paternels qu'il nous a donnés.

Dans ce recueil de cantiques au très-saint Sacrement, on chercherait vainement l'art, la science. Nous avons chanté Dieu avec le cœur qu'il nous a donné... sans même trop savoir comment... Quelques sentiments vrais, tel est probablement notre seul mérite. Si nos chants plaisent par cette simplicité, il en résultera un avantage bien positif; c'est que généralement tous les fidèles, les moins habiles, les enfants eux-mêmes, après une ou deux auditions, seront parfaitement capables de chanter nos cantiques et de les retenir dans leur mémoire, par cette seule tradition orale, qui suffit à transmettre et à propager les mélodies faciles ; méthode ancienne et universelle, que Messieurs les ecclésiastiques ont bien raison de préférer à toute autre.

Ce recueil de cantiques pour la *communion, et pour les saluts et bénédictions*, aurait peut-être, dans l'ordre méthodique, dû être précédé du recueil de nos cantiques pour les *retraites, missions, catéchismes*, qui sera publié très-prochainement, chez le même éditeur ; mais nous avons dû n'écouter que le zèle si légitime des fidèles pour adorer Notre-Seigneur Jésus-Christ au Sacrement de son amour, en leur offrant sans délai des chants religieux qui répondent à ces sentiments de leurs cœurs. Adorer Dieu en esprit et en vérité, nous unir par la communion à Dieu, notre principe et notre fin dernière, est, aux yeux de la foi, l'existence réelle de l'homme ici-bas, comme au ciel ce sera pour lui la récompense éternelle. *Ego sum vita*, dit Notre-Seigneur Jésus-Christ... *alpha et omega*.

Messieurs les ecclésiastiques, les personnes pieuses, dans cette petite édition du texte, au prix de quelques centimes, trouveront un moyen facile de propager notre recueil ; nous le recommandons à leur charité fraternelle, à leur bienveillance active.

BELLEVILLE-LÈS-PARIS,

14 août 1857,

veille de l'Assomption de la sainte Vierge.

CANTIQUES

A

NOTRE-SEIGNEUR JÉSUS-CHRIST

QUE LA TERRE ET LES CIEUX.

Que la terre et les cieux disent mon allégresse ;
Rien ne doit arrêter mon délirant transport.
Ils sont enfin passés, mes longs jours de détresse,
Après mille dangers, ici s'ouvre le port.
  Un Dieu d'amour,
   En ce séjour,
  A jamais a fixé sa cour ;
   Vite j'accours,
   Et pour toujours
  Je veux lui consacrer mes jours.

Ah ! ne regrettons pas les vains plaisirs du monde,
Attraits trop séduisants pour quelques cœurs légers ;

1.

Sur des biens plus certains l'espoir chrétien se
[fonde,
Et les plaisirs du ciel ne sont point passagers.

Un Dieu d'amour, etc.

A peine à l'horizon vient à poindre l'aurore,
A peine le soleil apparaît radieux,
Dans le clocher soudain, s'émeut l'airain sonore,
Et nous lui répondons par nos hymnes pieux.

Un Dieu d'amour, etc.

En tombant à genoux, nous disons : Notre Père,
Daignez nous accorder le pain de chaque jour,
Mais le pain désiré que le chrétien préfère,
Est le froment si pur de votre saint amour.

Un Dieu d'amour, etc.

Que votre volonté, Seigneur, en tout soit faite,
Que soit votre saint nom partout sanctifié ;
Que votre règne arrive, et qu'en cette retraite
Vive à jamais l'esprit d'un Dieu crucifié.

Un Dieu d'amour, etc.

Comme en un beau jardin, qu'une onde fraîche ar-
[rose,
On voit dès le printemps les fleurs s'épanouir ;

Qu'en ces lieux le lis pur et la mystique rose
Croissent pareillement sans jamais se flétrir.

Un Dieu d'amour, etc.

Que la foi, protégeant nuit et jour cet asile,
En écarte avec soin la discorde, l'erreur,
Et que notre existence, humble, calme et tran-
[quille,
S'écoule dans la joie et la paix du Seigneur.

Un Dieu d'amour, etc.

Que des douces vertus le délicat arôme
S'élève avec l'encens qui fume sur l'autel,
Et que, se répandant en tous sens, il embaume
L'enceinte consacrée au Dieu saint, immortel.

Un Dieu d'amour, etc.

O saint refuge offert à la tendre innocence !
Ton éclat, rien d'impur ne saurait le ternir,
Et la bonté divine en fait, après l'offense,
Un abri tutélaire ouvert au repentir.

Un Dieu d'amour, etc.

C'est un port assuré lorsque gronde l'orage,
Au fond duquel on voit couler le lait, le miel,
C'est un lieu de repos pendant un long voyage,
C'est la maison de Dieu, c'est la porte du ciel.

Un Dieu d'amour,

En ce beau jour,

Dans   mon cœur / nos cœurs   vient fixer sa cour,

Ah ! sans retour,

Et pour toujours,

Il faut lui consacrer   mes / nos   jours.

ENFIN IL BRILLE, CE BEAU JOUR.

Enfin il brille, ce beau jour
  Où Jésus se donne
  A nous en personne.
Enfin il brille ce beau jour,
  Où Jésus se donne
  A nous sans retour.

Ah ! combien mon sort est heureux,
  Quand un Dieu lui-même
  M'assure qu'il m'aime !
Ah ! combien mon sort est heureux,
  Quand Jésus lui-même
  Vient combler mes vœux !

Désormais sont passés pour moi,
　Tous les jours d'alarmes,
　Tous les jours de larmes ;
Désormais sont passés pour moi,
　Tous les jours d'alarmes,
　Tous les jours d'effroi.
Enfin, etc.

Je possède la paix du cœur,
　Avec l'innocence
　Revient l'espérance ;
Je possède la paix du cœur,
　Avec l'innocence
　Revient le bonheur.
Enfin, etc.

Jésus-Christ, de tous les amis,
　Est le plus sincère,
　C'est pour nous un frère ;
Jésus-Christ, de tous les amis,
　Est le plus sincère,
　Il nous l'a promis.
Enfin, etc.

A quel point ses bienfaits sont doux !
　Pécheurs que nous sommes,

Il vit chez les hommes.
A quel point ses bienfaits sont doux !
   Pécheurs que nous sommes,
   Il vit avec nous !
Enfin, etc.

La suprême félicité
   Sera pour qui l'aime
   D'un amour extrême ;
La suprême félicité
   Sera pour qui l'aime
   Dans l'éternité.
Enfin, etc.

O Marie, espoir des pécheurs !
   Faites qu'à toute heure
   En nous Dieu demeure ;
O Marie, espoir des pécheurs !
   Faites qu'à toute heure
   Dieu vive en nos cœurs.
Enfin, etc.

VIVRE EN CHRÉTIEN.

Que sainte est l'envie
De vivre en chrétien !
Dieu sera ma vie,
Mon unique bien.

Je serai fidèle
Au divin modèle ;
O Jésus, mon roi !
Venez vivre en moi.

Grâce inespérée
Qui me rend heureux !
Union sacrée
Qui comble mes vœux !
Je serai, etc.

A votre Évangile,
Pour vivre innocent,
Je serai docile,
Humble, obéissant.
Je serai, etc.

Mon cœur n'est que fange,
Mais, oh ! quel bonheur !

Jésus en échange
Me donne son cœur.
Je serai, etc.

Mon cœur est le vôtre,
O Jésus si doux !
Ainsi que l'Apôtre,
Je vais vivre en vous.
Je serai, etc.

Défiant l'envie,
Avec quel bonheur
Je cache ma vie
En ce divin cœur !
Je serai, etc.

Pour sauver le monde,
On vit autrefois
Le sang qui m'inonde
Couler sur la croix.
Je serai , etc.

Salut, cœur aimable,
Source des vertus,
O cœur adorable
De mon doux Jésus !
Je serai, etc.

O cœur par la lance
Percé sur la croix !
Cœur par la souffrance
Brisé mille fois !
Je serai, etc.

O cœur qu'on blasphème !
Le plus doux des cœurs,
O cœur qui nous aime,
Malgré nos erreurs !
Je serai, etc.

A vous nos louanges,
O cœur glorieux !
O cœur que les anges
Adorent aux cieux !
Je serai, etc.

POUR RÉPONDRE A L'AMOUR.

Pour répondre à l'amour
Que mon maître envers moi fait paraître,
Oui, je veux en retour
Lui donner tout mon cœur, dès ce jour.

Mon Dieu, mon créateur,
C'est peu de vous connaître,
Pour vous aimer, Seigneur,
Vous nous avez fait naître.

De vos perfections,
L'ineffable assemblage
Veut que nous vous rendions
Un éternel hommage.
Pour répondre, etc.

Hélas ! mon faible cœur,
Dans sa lâche faiblesse,
Ne vous rend point, Seigneur,
Tendresse pour tendresse.
Pour répondre, etc.

Ce cœur est partagé,
Alors qu'il devrait être,
D'autres soins dégagé,
Tout entier à son maître.
Pour répondre, etc.

Attiré vers le mal
Par une douce amorce,
Contre un penchant fatal,

Seigneur, soyez ma force.
Pour répondre , etc.

A nos cœurs combattus
Par la concupiscence,
Conservez, doux Jésus,
La vertu , l'innocence.
Pour répondre, etc.

Des démons ennemis
Rendez vaine la rage ;
Nous sommes vos brebis ,
Sauvez votre héritage.
Pour répondre, etc.

Seigneur, que votre main
Sans cesse nous protége,
Près de chaque chemin,
Quand l'enfer tend un piége.
Pour répondre, etc.

Sous un ciel azuré,
Que vos anges fidèles,
Vers le port assuré,
Guident notre nacelle.
Pour répondre, etc.

Ineffable beauté,

Pour qui mon cœur soupire !

Pendant l'éternité,

Puisse ma voix redire :

Pour répondre, etc.

VOICI LE JOUR.

Voici le jour et le moment suprême,

Où mon Sauveur vient se donner à moi.

La douce paix fait place au trouble extrême,

Et dans mon cœur se ranime la foi.

Si je n'ai point, hélas ! pour mon partage,

Les saints transports, les vertus des élus,

J'ai leur amour, pas n'en faut davantage

    A mon Jésus, à mon Jésus.

Depuis longtemps mon âme languissante,

N'aspirait plus qu'au bonheur de ce jour ;

Mon cœur brûlant se mourait dans l'attente,

Tout consumé du feu du saint amour.

Si je n'ai, etc.

Je viens devant la majesté divine,

Moi qui ne suis qu'un indigne pécheur,

M'humilier, en frappant ma poitrine,
Et m'écrier : Pitié ! pitié, Seigneur !
Si je n'ai, etc.

Puisse l'ardeur du feu qui me dévore
De plus en plus en mon cœur s'allumer ;
Avec le temps croître, grandir encore,
Toujours, sans fin, pour mieux me consumer.
Si je n'ai, etc.

O doux Jésus ! en ce sacré mystère,
Ah ! je voudrais sans cesse à vos douleurs
Pouvoir unir le tribut volontaire
De mes chagrins, ainsi que de mes pleurs.
Si je n'ai, etc.

Faites germer en moi la sainte envie
De me cacher dans un profond oubli,
Sanctifiant par votre mort ma vie,
Avec mon Dieu vivant enseveli.
Si je n'ai, etc.

Afin de mieux vous prouver ma tendresse,
Je veux chérir ceux que vous chérissez ;
Des malheureux soulager la détresse,
Bénir, mon Dieu, ceux que vous bénissez.
Si je n'ai, etc.

Charmant espoir, ce pain en est le gage ;
Malgré l'excès de mon indignité,
Je prendrai part au céleste héritage,
Pour vous bénir pendant l'éternité.

Si je n'ai, etc.

O MON DOUX JÉSUS.

O mon doux Jésus ! aliment de mon âme !
Avec quelle ardeur mon amour vous réclame !
O mon doux Jésus, ô mon doux Sauveur,
Venez pour toujours régner en mon cœur.

O céleste époux des âmes chastes, pures !
Venez de nos cœurs effacer les souillures.
O mon bon Jésus ! etc.

Oui, que votre sang, qui nous donne la vie,
De tous nos péchés enfin nous purifie.
O mon bon Jésus ! etc.

A ce sang divin, ô source de clémence !
Nous venons unir nos pleurs de pénitence.
O mon bon Jésus ! etc.

De nos cœurs contrits exaucez la prière, [Pierre :
Et puissions-nous tous vous dire avec saint
O mon bon Jésus ! etc.

Comme dans la joie, au sein de la tristesse,
Heureux celui qui vous prouve sa tendresse !
O mon bon Jésus ! etc.

Puissions-nous un jour, dans la sainte patrie,
Chanter, sous les yeux d'une mère chérie :
O mon bon Jésus ! etc.

O PAIN CÉLESTE.

O pain céleste ! ô froment des élus !
Toi que mon cœur avec ardeur réclame,
Toi le soutien, la force de mon âme,
Descends du ciel, ah ! ne diffère plus !
Si ta clémence me délaisse,
Je vais expirer de faiblesse.

Oui, d'un pécheur
Vois la douleur,
Mon doux Sauveur,
Viens en mon cœur.

Depuis longtemps je languis dans l'espoir
De ce beau jour qui comble ma tendresse ;
Mon cœur tressaille et frémit d'allégresse,
O mon Jésus ! près de te recevoir.
    Ce jour, qui comble mon envie,
    Est le plus beau jour de ma vie.
        Oui, d'un pécheur, etc.

Je poursuivais le cours de mes excès,
Rien n'arrêtait l'audace de mes crimes,
Et je tombais dans le fond des abîmes
Si Dieu n'avait pardonné mes forfaits.
    L'excès de ma coupable offense
    Prouve l'excès de ta clémence.
        Oui, d'un pécheur, etc.

Pour obtenir les biens par toi promis,
Je dois bannir de mon âme la haine,
Et, surmontant la répugnance humaine,
Je dois aimer même mes ennemis.
    Je les aime d'un cœur sans feinte,
    D'une tendresse pure et sainte.
        Oui, d'un pécheur, etc.

Quand je possède un semblable résor,
Je n'ai besoin d'honneur ni de richesse ;

Mon doux Jésus me donne sa tendresse,
Et que pourrais-je après vouloir encor ?
Aux biens du ciel mon cœur aspire,
Pour mon Jésus seul je soupire.
Oui, d'un pécheur, etc.

Ce pain sacré, qui de tout me tient lieu,
Seul peut calmer la faim qui me dévore,
O sainte hostie ! à genoux je t'adore ;
En toi je vois mon Sauveur et mon Dieu :
Salut ! salut ! sainte victime !
Sur la croix tu meurs pour mon crime !
Oui, d'un pécheur, etc.

JE LE RESSENS A MON IVRESSE.

Je le ressens à mon ivresse,
Je le connais à mon ardeur,
Oui, je l'éprouve à ma tendresse,
Il vient, il vient, mon doux Sauveur !
De mon Dieu la présence.
Aujourd'hui,
Comble mon espérance ;
C'est lui ! c'est lui !

Oui, c'est bien là le Dieu qui m'aime,
Qui m'aime du plus tendre amour,
Oui, c'est le Dieu qu'il faut moi-même
Payer du plus tendre retour.

De mon Dieu, etc.

Louange à vous, Fils de Marie !
Louange à vous, Agneau si doux !
Sur la croix vous perdez la vie,
Afin de nous la rendre à tous.

De mon Dieu, etc.

Daignez bénir, ô tendre Père !
Vos enfants ici réunis ;
A ceux qui souffrent sur la terre,
Donnez un jour le Paradis.

De mon Dieu, etc.

QUOI ! PAR MA NOIRE INGRATITUDE.

Quoi ! par ma noire ingratitude
Je pourrais vous perdre à jamais,
Quand je goûte la plénitude
De votre amour, de vos bienfaits !

Mon Sauveur ! mon Sauveur !
Ah ! régnez à jamais en mon cœur.

Vous me donnez plus que la terre,
Vous me donnez plus que les cieux ;
Ce que je trouve en ce mystère,
C'est votre sang si précieux.
    Mon Sauveur (*bis*), etc.

Enfant prodigue, eh quoi ! tu manges
Le gland grossier des vils pourceaux !
Ton Dieu t'offre le pain des anges,
Afin de guérir tous tes maux.
    Mon Sauveur (*bis*), etc.

Entends la voix douce, si tendre,
Qui ne cesse de t'avertir ;
Pourquoi plus longtemps te défendre ?
Loin de ton Père il faut mourir.
    Mon Sauveur (*bis*), etc.

Oui, je vous vois sur le Calvaire,
Vers moi vous étendez les bras ;
Près de vous j'aperçois ma mère,
Mon Dieu, je ne résiste pas.
    Mon Sauveur (*bis*), etc.

Daignez, Vierge sainte, à toute heure
Garder mon cœur, pour que Jésus
Y fixe à jamais sa demeure,
Et pour qu'il ne le quitte plus.
Mon Sauveur (*bis*), etc.

OUI, LE DERNIER BATTEMENT DE MON CŒUR.

Oui, le dernier battement de mon cœur,
Mon chant de mort, ma suprême pensée,
Oui, le soupir de ma lèvre glacée,
En s'exhalant sera pour mon Sauveur.
C'est lui qui m'a donné la vie,
C'est lui qui me promet les cieux ;
C'est encor lui qui me convie
A ce banquet délicieux.

Depuis le jour où, sortant de ses mains,
Son souffle saint vint éveiller mon âme,
Depuis ce jour, oui, ma voix le proclame,
Dieu m'a comblé de ses bienfaits divins.
C'est Dieu, etc.

Sans se lasser de ma lâche tiédeur,
Sans s'irriter de ma longue faiblesse,

Ce Dieu clément m'a pardonné sans cesse,
Prêt à m'ouvrir ses bras avec son cœur,
    C'est Dieu, etc.

Par le péché l'homme en naissant souillé,
Portait le poids de sa triste origine ;
Mais Dieu lui rend, par sa grâce divine,
Les droits sacrés dont il fut dépouillé.
    C'est Dieu, etc.

Viens en mon cœur, non, ce n'est point en vain
Que ce sang pur coulera dans mes veines,
Il en proscrit les soupçons et les haines
Pour le remplir de ton amour divin.
    C'est Dieu, etc.

O MON JÉSUS.

O mon Jésus ! je vous possède,
Je vous possède dans mon cœur.
A votre pouvoir que tout cède,
Dans mon cœur régnez en vainqueur.
    Loin de me défendre
    D'un amour si tendre,

O mon doux Jésus !
Parlez, je ne résiste plus.

Que dans mon cœur tout ce qui reste
Et d'égoïsme et de tiédeur,
En ce jour cède au feu céleste :
Dans mon cœur régnez en vainqueur.

    Loin de, etc.

Vous désirez, ô tendre père !
Que les hommes vivent unis,
Pour qu'ils goûtent sur cette terre
Les plaisirs purs du paradis.

    Loin de, etc.

Vous désirez que dans toute âme
Régne le feu du pur amour,
Que la charité de sa flamme
Consume nos cœurs chaque jour.

    Loin de, etc.

Vous désirez que l'on pardonne,
Si l'on veut être pardonné ;
Et qu'au pauvre le riche donne,
Pour que le ciel lui soit donné.

    Loin de, etc.

Je dois aimer d'amour extrême,
Ainsi que mon Maître divin,
Aimer avec lui comme il l'aime,
Aimer en Jésus mon prochain.
Loin de, etc.

Faites, mon Dieu, qu'en ce mystère,
La charité brûle nos cœurs ;
Au ciel un jour, loin de la terre,
Consumez-nous de vos ardeurs.
Loin de, etc.

O MON TRÈS-DOUX SAUVEUR.

O mon très-doux Sauveur !
Mon Rédempteur !
O mon tendre Père !

O mon très-doux Sauveur !
Venez de mon cœur
Faire le bonheur !
Je vous offre, en ce jour prospère,
Tout l'amour du ciel, de la terre,
Venez, ô mon Jésus !

Pain des élus,
Ne différez plus.

O mon très-doux Sauveur !
Mon Rédempteur !
En vous seul j'espère ;
O mon très-doux Sauveur !
Venez de mon cœur
Guérir la langueur.

Je vous offre, etc.

O mon très-doux Sauveur !
Que dans mon cœur
Votre grâce opère ;
O mon très-doux Sauveur !
Qu'au fond de mon cœur
Vive votre ardeur.

Je vous offre, etc.

Faites, ô mon Sauveur !
En la ferveur
Que je persévère ;
Faites, ô mon Sauveur !
Qu'enfin ma tiédeur
Cède à votre ardeur.

Je vous offre, etc.

O mon très-doux-Sauveur !
Que de douceur
On trouve à vous plaire !
O mon très-doux Sauveur !
Combien de bonheur
Trouve en Dieu mon cœur !

Je vous offre, etc.

Puissions-nous tous aux cieux
Voir de nos yeux
Jésus et sa mère !
Puissions-nous tous aux cieux
Contempler joyeux
Jésus glorieux !

Offrons-lui, dans ce jour prospère,
Tout l'amour du ciel, de la terre ;
Venez, ô mon Jésus !
Pain des Élus,
Ne différez plus !

CHANTE, MON AME.

Chante, mon âme, un cantique au Seigneur ;
Quand l'univers redit sa gloire,

De ses bienfaits l'amour doit en mon cœur
Graver à jamais la mémoire.
Avant les temps, un Dieu dans le néant
Voyait sa faible créature ;
Oui, Dieu voulut, mortel, en te créant,
Donner un maître à la nature.
Chante, etc.

Oui, c'est pour toi de la voûte des cieux
Qu'il déploya les vastes voiles,
Pour éclairer ton esprit et tes yeux,
Dieu fait scintiller les étoiles.
Chante, etc.

Si Dieu d'abord t'a placé dans un rang
Moins haut que celui de ses anges,
Combien pour toi depuis le Tout-Puissant
A fait de prodiges étranges.
Chante, etc.

L'homme déçu, par son Dieu racheté,
Sert de trophée à sa victoire ;
Dieu, revêtu de notre humanité,
Est la victime expiatoire.
Chante, etc.

Le Créateur, ainsi qu'au premier jour,

Vient_converser avec les hommes;
Il semble ainsi concentrer son amour
Sur nous, invisibles atomes.
Chante, etc.

QUAND C'EST LE SANG D'UN DIEU.

Quand c'est le sang d'un Dieu qui coule dans nos
[veines,
Chrétiens, pourquoi trembler? nous sommes assez
[forts,
Pour souffrir au besoin la prison et les chaînes.
Pour endurer pour Dieu, s'il le faut, mille morts.
Oui, mon âme ravie
Ne connaît plus d'effroi,
Jésus me rend la vie,
Il couronne ma foi;
Comblant mon espérance,
Trop douce récompense,
Un Dieu, dans sa clémence,
Vient se donner à moi.

Pourquoi nous effrayer des spectres, des fantô-
Devant l'éclat du jour prêts à s'évanouir ?   [mes,

Que peuvent contre nous les démons ou les hom-
[mes?
Rien !... laissons au bonheur nos cœurs s'épanouir.
Oui, mon âme, etc.

A l'aspect étonnant d'un aussi grand mystère,
La foi force l'esprit à croire en tout au cœur;
L'âme voit le bonheur au delà de la terre,
Et ne désire plus que l'amour du Sauveur.
Oui, mon âme, etc.

IL APPROCHE LE JOUR.

Il approche le jour, jour où la mort cruelle,
Chrétien, réclamera ta dépouille mortelle.
Avec la même foi qu'à mon heure suprême,
Aujourd'hui je reçois celui que mon cœur aime.

Comme alors, aujourd'hui, j'abandonne la vie ;
L'amour de mon Sauveur est tout ce que j'envie.
Avec la même foi, etc.

Comme alors, aujourd'hui, je pleure, je déplore
Mes péchés. O mon Dieu ! tremblant, je vous im-
Avec la même foi, etc.   [plore.

Comme alors, aujourd'hui mon âme se dépouille
De tous ces biens charnels que dévore la rouille.
Avec la même foi, etc.

Comme à mon lit de mort, de grand cœur je par-
donne
A tous mes ennemis, sans excepter personne.
Avec la même foi, etc.

Mon cœur vole vers vous ; sur ma lèvre tremblante
Je vais vous recevoir, ô chair vivifiante !
Avec la même foi, etc.

O corps de mon Sauveur, ô pain eucharistique !
Servez-moi, dès ce jour, de divin viatique.
Avec la même foi, etc.

O corps du Fils de Dieu ! pour toute âme fidèle
Soyez le gage sûr de la vie éternelle.
Avec la même foi, etc.

O corps de Jésus-Christ, ô pain vivant des anges !
Faites-nous tous au ciel célébrer vos louanges.
Avec la même foi, etc.

O MON JÉSUS !

O mon Jésus ! pour toujours,
Seul soyez mes amours.
Vous êtes la seule beauté
Dont mon cœur puisse être enchanté.
O mon Jésus ! pour toujours,
Seul soyez mes amours.

Vos yeux effacent le soleil ;
Votre front est pur et vermeil.
O mon Jésus, etc.

Oui, ce front auguste et serein
Est celui d'un Roi souverain.
O mon Jésus, etc.

Votre tendre et charmant souris
Fait le bonheur du Paradis.
O mon Jésus, etc.

Votre dolente et douce voix
Nous prêche du haut de la Croix.
O mon Jésus, etc.

Vous êtes Père tendre et bon,

Pour vos enfants plein d'abandon.

O mon Jésus, etc.

Vous êtes de toute bonté

La source pour l'éternité.

O mon Jésus, etc.

N'êtes-vous pas le bon Pasteur

Qui courez après le pécheur?

O mon Jésus, etc.

N'êtes-vous pas le tendre Agneau

Pour tous mort, et mis au tombeau ?

O mon Jésus, etc.

Hélas! nous étions tous perdus,

Par vous les cieux nous sont rendus.

O mon Jésus, etc.

Du ciel voulons-nous hériter,

Il faut en tout vous imiter.

O mon Jésus, etc.

Rendez-nous modestes et doux,

Humbles, patients comme vous.

O mon Jésus, etc.

Donnez, ah ! donnez à mon cœur
De tous ses péchés la douleur.

O mon Jésus, etc.

Donnez-nous votre humilité,
Ainsi que votre charité.

O mon Jésus, etc.

Daignez couvrir ce corps mortel
D'un manteau de gloire éternel.

O mon Jésus, etc.

Daignez, daignez, ô doux Jésus !
Nous placer parmi vos élus.

O mon Jésus, etc.

Un jour, dans nos concerts joyeux,
Puissions-nous chanter dans les cieux :
O bon Jésus ! pour toujours,
Seul soyez mon secours.

QU'A CES SOLENNITÉS.

Qu'à ces solennités se joigne l'allégresse ! [cesse,
Hymnes saints, de nos cœurs aux cieux montez sans

Passé, fuis loin de nous ; et qu'en ce jour si beau,
Nos chants, nos cœurs, tout soit nouveau !
Salut, ô pain des anges !
Froment pur des élus !
Nous chantons vos louanges,
Aimable et doux Jésus !

Chrétiens, quel souvenir que ce banquet suprême,
Où Jésus tout entier vient se donner lui-même !
C'es le pain sans levain, c'est la Pâque, l'Agneau
Qui doit mourir pour le troupeau.
Salut, etc.

Quand ils eurent mangé l'agneau, mystique em-
[blème,
Jésus donna son corps aux disciples qu'il aime :
Tout à tous... De Jésus ainsi chacun reçut
Ce gage sacré du salut.
Salut, etc.

Aux faibles, Jésus donne un pain qui fortifie ;
Aux affligés, un sang dont l'âme est réjouie.
Il leur dit : Recevez et buvez tour à tour
Ce saint breuvage de l'amour.
Salut, etc.
Ainsi ce sacrement, par le plus doux des maîtres,

Fut établi; par lui transmis aux mains des prêtres,

Seuls ils peuvent offrir ce-pain sur les autels,

  Et le partager aux mortels.

   Salut, etc.

O prodige d'amour! ô merveilles étranges!

Tu deviens notre pain, ô pain vivant des anges!

Un pauvre, un humble esclave, un malheureux

        [pécheur

  Se nourrit du corps du Seigneur.

   Salut, etc.

Gloire à la Trinité, simple par son essence!

Père, Fils, Saint-Esprit, gloire à votre puissance!

Par les sentiers du bien toujours dirigez-nous,

  Pour nous élever jusqu'à vous.

   Salut, etc.

AVEC RESPECT.

Avec respect, prions dans le saint lieu,

Le Fils de Dieu là réside en personne,

La majesté du Très-Haut l'environne,

Là Jésus-Christ vient s'asseoir sur son trône,

Non pour punir,
Mais pour bénir ;
Oui, pour bénir,
Pour nous bénir.

N'approche point du redoutable autel,
Faible mortel,
Le cœur plein de vengeance,
Avant remets au prochain son offense.
Dieu vient ici dans sa toute-puissance,
Non pour punir,
Mais pour bénir.

O doux Jésus, mort pour nous sur la croix !
Si votre voix
Nous parle d'indulgence,
C'est que la vôtre est sans borne, est immense,
Vous voudriez, ô source de clémence !
Jamais punir,
Toujours bénir.

SUR CET AUTEL.

Sur cet autel Jésus-Christ va paraître,
Contemplons-le du regard de la foi.
Sur cet autel j'aime à vous reconnaître,
O mon Jésus, ô mon Maître, ô mon Roi !
.Sur cet autel,
Sur cet autel.

Sur cet autel, est-ce un juge sévère
Qui se présente afin de nous punir ?
Sur cet autel, c'est le plus tendre père
Qui nous pardonne, et qui vient nous bénir
Sur cet autel,
Sur cet autel.

Sur cet autel, pour le salut du monde,
Le Dieu du ciel descend comme au Thabor,
Sur cet autel, source à jamais féconde,
Son sang divin pour l'homme coule encor
Sur cet autel,
Sur cet autel.

Sur cet autel, de la belle innocence
Heureux qui peut offrir les douces fleurs ;

Sur cet autel de la reconnaissance,
Du repentir offrons à Dieu les pleurs
Sur cet autel,
Sur cet autel.

L'AGNEAU SANS TACHE.

L'Agneau sans tache, ô dévoûment sublime !
Meurt pour sauver de coupables mortels !
Pour adorer l'innocente victime,
Prosternons-nous au pied des saints autels.

Lorsque Jésus, sur cet autre calvaire,
Se voit en butte à tant d'affronts cruels,
Devant la croix, comme sa sainte Mère,
Pleurons, chrétiens, au pied des saints autels. (*bis.*)

Pour que le sang du Sauveur qui nous aime
Lave nos cœurs de nos penchants charnels,
Pour que Jésus nous bénisse lui-même,
Prosternons-nous au pied des saints autels. (*bis.*)

O MON JÉSUS, O MON MAITRE.

O mon Jésus, ô mon Maître, ô mon Père !
Brûlant pour vous du plus saint des amours,
Que vous ayant adoré sur la terre,
Je puisse au ciel vous adorer toujours !

Lorsque l'amour qu'on ressent est sincère,
Pour vous chérir les siècles sont trop courts,
Que vous ayant adoré, etc.

Pour vous bénir j'emprunte à votre Mère
Ses vœux ardents, et, grâce à son secours,
Que vous ayant adoré, etc.

CHRÉTIENS, SUR CET AUTEL.

Chrétiens, sur cet autel l'Agneau de Dieu s'immole :
Que d'affronts trop cruels notre amour le console.
De Jésus expirant partageons les douleurs ;
Au sang du Fils de Dieu venons unir nos pleurs.

Jésus portant sa croix monte sur le Calvaire,

Soumis jusqu'à la mort aux ordres de son Père.
Ah! bien loin de nous joindre à ses persécuteurs,
Au sang du Fils, etc.

De Jésus nous voulons tous partager la gloire,
Son calice de fiel, nul ne voudrait le boire.
Chrétiens, pour avoir part un jour à ses grandeurs,
Au sang du Fils, etc.

JE T'ADORE EN TREMBLANT.

Je t'adore en tremblant, Divinité cachée,
Dieu que me rend présent le regard de la foi,
Vers la terre mon âme était, hélas! penchée :
Sur l'aile du désir, elle s'élève à toi.

    C'est notre Dieu, c'est notre père,

    Qui parmi nous daigne venir

    Non pour punir, en sa colère,

    Mais pour pardonner et bénir.

En tremblant je t'adore, ô Souverain auguste!
Tu fais trembler la terre à l'éclat de ta voix

                                   [juste
Ton nom est trois fois saint, ton nom est trois fois
Et tout dans l'univers est soumis à tes lois.

    C'est notre Dieu, etc.

Je t'adore en tremblant, Dieu fort, Dieu des armées,

Qui pourrait éviter la force de ton bras?

Tu lances en tous sens tes foudres enflammées,

Mais loin de tes élus tu portes le trépas.

    C'est notre Dieu, etc.

ANGES DU CIEL.

Anges du ciel, saints de la terre,

Unissez-vous en un esprit

Dans cet auguste et grand mystère,

Afin d'adorer Jésus-Christ.

Le cœur rempli de confiance,

Venons prier dans le saint lieu;

Pour nous bénir en sa clémence,

Il vient, il vient, l'Agneau de Dieu.

Ah! si la justice environne

L'éclat pur de sa majesté,

La clémence encor mieux couronne

Son front éclatant de bonté.

    Le cœur, etc.

De nos cœurs bannissons la haine;

Que ses désirs sont insensés!

Quand Dieu nous pardonne sans peine,
Comment d'un rien être offensés?

Le cœur rempli de confiance
Accourons tous dans le saint lieu :
Pour nous quel trésor de clémence!
Il vient, il vient, l'Agneau de Dieu.

SALUT, CORPS VIRGINAL.

Salut, corps virginal, né du sein de Marie,
O corps de mon Sauveur, immolé sur la croix !
Votre côté percé par la lance ennemie,
Laissa couler le sang et l'eau tout à la fois.

Jésus, notre espérance,
Jésus si bon, si doux,
Servez-nous de défense,
Ayez pitié de nous !

Soyez, ô corps sacré, notre doux viatique,
Notre espoir, notre force à l'heure de la mort.
D'avance nous chantons le sublime cantique
Qu'alors nous redirons dans un pieux transport.

Jésus, notre, etc.

Jésus, ô doux Jésus, Jésus Fils de Marie !

O tendre Agneau de Dieu, mort sur la croix pour nous,

Victime dont le sang nous a rendu la vie,

Jésus plein de clémence, ayez pitié de nous !

Jésus, notre, etc.

QUAND L'AUTEUR DE LA VIE.

Quand l'auteur de la vie,

Quand le Verbe éternel,

Né du sein de Marie,

Descend sur cet autel,

Lorsque doivent se taire

Nos trop fáibles accords,

Saints anges à la terre

Prêtez vos doux transports.

Anges, votre voix puré,

D'un Dieu de pureté,

Peut louer sans injure

L'auguste majesté.

Lorsque, etc.

En ce jour, ô Marie !
De vos heureux enfants
Daignez, mère chérie,
Offrir à Dieu l'encens.

Lorsque, etc.

Jour à jamais prospère,
Où Jésus nous bénit !
Chantons louange au Père,
Au Fils, au Saint-Esprit.

Lorsque, etc.

DEVANT LE DIEU QUE L'UNIVERS ADORE.

Devant le Dieu que l'univers adore,
Chrétiens, tombons tous à genoux,
Et que la terre avec respect implore
L'Homme-Dieu qui mourut pour nous.

Que de notre reconnaissance
L'hymne ici-bas déjà commence,
Et puis qu'aux cieux nos chants d'amour
Durent toujours, durent toujours.

Dieu qui pour nous prodigua ses miracles,
    Nous a comblés de ses bienfaits,
Ainsi qu'aux cieux, dans les saints tabernacles
    Il vit avec l'homme à jamais.
    Que de notre, etc.

Autour de lui, ce bon, ce tendre Père,
    Est heureux de nous réunir,
Et pour nous faire un sort doux et prospère,
    Chrétiens, sa main va nous bénir.
    Que de notre, etc.

A GENOUX JE VOUS IMPLORE.

A genoux je vous implore,
Fils de Dieu, Verbe éternel !
Bienheureux qui vous adore
Au sacrement de l'autel !

Justes, ô vous que dévore
L'amour du Dieu d'Israël !
Louez ce Dieu qu'on adore
Au sacrement de l'autel.

Pécheurs, dont le cœur déplore
Un passé trop criminel,

Priez le Dieu qu'on adore
Au sacrement de l'autel.

Du couchant jusqu'à l'aurore,
Dans un culte solennel,
C'est vous, grand Dieu, qu'on adore
Au sacrement de l'autel.

Au cieux puissions-nous encore,
Mieux qu'en ce séjour mortel,
Vous bénir, Dieu qu'on adore
Au sacrement de l'autel.

SI JADIS ISRAEL.

Si jadis Israël devant l'arche sacrée,
   Tremblait et tressaillait d'effroi
Ah ! combien en voyant la victime adorée,
   Nous devons éprouver d'émoi.
      Ce n'est plus sur l'autel
      Un mystique symbole,
      Non, l'Agneau qu'on immole
      Est le Verbe éternel.

Dieu repousse à jamais le sang vil des génisses ;
   Pour apaiser le Tout-Puissant,

Il lui faut le plus pur de tous les sacrifices,
   Le sang de son Fils innocent.

    Ce n'est, etc.

Sous un pain qui n'est plus, nous voilant sa présence,
   Jésus-Christ, le Maître des cieux,
Aux cœurs simples et purs révéle sa présence,
   La foi le découvre à nos yeux.

    Ce n'est, etc.

LE SOUVERAIN DU CIEL.

Le souverain du ciel et de la terre,
    En son amour,
    Veut en ce jour
Renouveler le saint mystère
    Du Roi des rois,
    Mort sur la croix.
Anges du ciel, prenez vos lyres d'or;
De ce beau jour célébrez la mémoire,
    Chantez sa gloire
    Et sa victoire ;
Sur cet autel Jésus s'immole encor. (*bis*),

Sur cet autel, sur cet autre calvaire,
    Jésus présent
    Offre son sang.
Venez sauver toute la terre
    Sang de l'Agneau
    Mis au tombeau.

Anges du ciel, etc.

Ah! puissions-nous, sainte vierge Marie,
    Voir votre Fils
    En paradis!
Pour nous de la sainte patrie
    Qu'après la mort
    S'ouvre le port.
Anges du ciel, etc.

DE LA MAJESTÉ SAINTE.

De la majesté sainte,
Ah! comment sans frayeur,
Sans tressaillir de crainte,
Approches-tu, pécheur?

Saints anges sur la terre
Venez pour le servir,

Quand au nom de son Père
Jésus vient nous bénir.

Va laver tes souillures,

Homme esclave des sens!

Tes mains sont trop impures

Pour présenter l'encens!

Saints anges, etc.

Nos cœurs devraient se fendre,

Nos pleurs couler à flots,

Nos voix se faire entendre

En douloureux sanglots.

Saints anges, etc.

O salutaire hostie,

Présente sur l'autel,

O victime choisie !

Désarmez l'éternel.

Saints anges, etc.

O SALUTARIS HOSTIA.

O salutaire hostie,

Qui nous ouvrez les cieux !

Voyez la guerre impie

Qu'on nous fait en tous lieux !

L'enfer dans sa vengeance
Redouble de courroux ;
Prêtez-nous assistance,
Doux Jésus, sauvez-nous.

Sans qu'il quitte son Père,
Le Fils de l'Éternel
Vient visiter la terre,

Il prend un corps mortel.
Sa mission remplie,
Il fait au dernier jour,
Près de donner sa vie,
Son testament d'amour.

Par un disciple indigne
Jésus se voit trahir,
Et son cœur se résigne
Pour nous à tout souffrir.

Aux disciples qu'il aime,
Qu'il veut encor bénir,
Il se livre lui-même
A l'instant de mourir.

Jésus prend le calice,
Et d'un jour devançant
Son dernier sacrifice

Il donne à tous son sang,

La chair vivifiante
De cet Agneau de Dieu
Au cœur qu'elle sustente
De pain va tenir lieu.

Jésus naît : c'est un frère,
Pour nous c'est un ami,
Un hôte débonnaire
Par qui l'homme est nourri.

En mourant il se donne
Pour rançon des élus,
Dans le ciel il couronne
A jamais leurs vertus.

Louange à Dieu le Père,
Souverain créateur!
Au ciel et sur la terre,
Louange à Dieu sauveur !

Lumière sainte et pure,
Esprit consolateur,
Que toute créature
Vous rende gloire, honneur

FIN.

TABLE DES MATIÈRES.

Pages.

1. — Que la terre et les cieux disent mon allégresse.. 9

2. — Enfin il brille ce beau jour.................... 12

3. — Que sainte est l'envie de vivre en chrétien..... 15

4. — Pour répondre à l'amour que mon Maître envers
      moi fait paraître........................... 17

5. — Voici le jour et le moment suprême............ 20

6. — O mon doux Jésus, aliment de mon âme!...... 22

7. — O pain céleste! O froment des élus........... 23

8. — Je le ressens à mon ivresse................... 25

9. — Quoi! par ma noire ingratitude.............. 26

10. — Oui, le dernier battement de mon cœur......... 28

11. — O mon Jésus! je vous possède................ 29

12. — O mon très-doux Sauveur!................... 31

13. — Chante, mon âme, un cantique au Seigneur..... 33

14. — Quand c'est le sang d'un Dieu qui coule dans tes
      veines.................................... 35

15. — Il approche le jour.......................... 36

16. — O mon Jésus! pour toujours, seul soyez mes
      amours 38

17. — Qu'à ces solennités se joigne l'allégresse........ 40

18. — Avec respect prions dans le saint lieu.......... 42

19. — Sur cet autel Jesus va paraître.................... 44

20. — L'Agneau sans tache........................ 45

31. — O mon Jésus, ô mon Maître, ô mon Père !....... 46

22. — Chrétiens, sur cet autel l'Agneau de Dieu s'immole. 46

23. — Je t'adore en tremblant, Divinité cachée....... 47

24. — Anges du ciel, saints de la terre.............. 48

25. — Salut, corps virginal, né du sein de Marie...... 49

26. — Quand l'auteur de la vie.)................... 50

27. — Devant le Dieu que l'univers adore............ 51

28. — A genoux je vous implore................... 52

29. — Si jadis Israël......................... 53

30. — Le souverain du ciel et de la terre............ 54

31. — De la majesté sainte...................... 55

32. — *O salutaris hostia*...................... 56

FIN DE LA TABLE.

— Corbeil, imprimerie de Crété. —